ÉLOGE DE DEMARQUAY

PRONONCÉ

A LA SOCIÉTÉ DE CHIRURGIE

PAR

M. DE SAINT-GERMAIN

Secrétaire général.

PARIS

V. A. DELAHAYE ET Cie, LIBRAIRES-ÉDITEURS.

Place de l'Ecole-de-Médecine.

1878

ÉLOGE DE DEMARQUAY

PRONONCÉ

À LA SOCIÉTÉ DE CHIRURGIE

PAR

M. DE SAINT-GERMAIN

Secrétaire général

PARIS

V. A. DELAHAYE ET Cie, LIBRAIRES-ÉDITEURS.

Place de l'Ecole-de-Médecine.

—

1878

ÉLOGE DE DEMARQUAY

Prononcé à la Société de Chirurgie

PAR

M. DE SAINT-GERMAIN

Secrétaire général.

Jean-Nicolas Demarquay naquit le 14 décembre 1814, à Longue-val, petit village du département de la Somme.

Son père, qui exerçait la profession de menuisier, était mort quatre mois avant sa naissance, et sa mère se remaria en 1824.

Demarquay avait alors 10 ans. Son beau-père, brave cultivateur à l'écorce quelque peu rude, exigeait déjà de lui une certaine somme de travail ; et si les sévérités d'un père sont le plus souvent tempé-rées par l'affection née des liens du sang, il n'en est pas de même quand la tâche est imposée par un étranger.

L'enfance de Demarquay ne fut pas heureuse ; travaillant presque tout le jour à la terre, il trouvait à grand'peine le temps d'aller chez l'instituteur de Longueval, prendre à la hâte quelques notions de lecture et d'écriture. Aussi son vieux maître disait-il avec une cer-taine naïveté qu'il était rempli de bonne volonté mais qu'il avait le travail difficile.

Heureusement pour lui, sa mère était là, l'entourant de toute sa tendresse et adoucissant autant qu'elle le pouvait les frottements entre son fils et son second mari. Demarquay conserva toute sa vie une profonde reconnaissance pour elle; à l'affection toute naturelle que l'on doit à une mère, se joignait chez lui un sentiment d'im-mense gratitude, et c'est d'une sorte de culte qu'il entoura jusqu'à la fin cette femme, dont l'esprit et l'élévation d'idées étaient d'ailleurs beaucoup au-dessus du milieu où elle vivait.

Désireux de gagner sa vie sans être à charge à sa famille, Demarquay, sachant bien juste lire et écrire, partit pour Paris.

Il avait alors 15 ans. Ne sachant à quelle porte aller frapper, il eut la bonne idée de s'adresser à un de ses compatriotes, M. Hénon, qui était à la tête d'une institution de jeunes gens.

Ici commence pour Demarquay une existence de labeur incessant et d'incroyables efforts.

Obligé de gagner son pain, et de reconnaître par les services qu'il pouvait rendre l'hospitalité qu'on lui donnait, il passait tout le jour à surveiller les élèves, à les accompagner au collége, à les répéter dans la mesure de ce qu'il savait. Un peu plus que garçon de classe, un peu moins que maître d'étude.

Le soir, retiré dans sa chambre, il se mettait au travail, et souvent la cloche du lever des élèves le surprit sur ses livres. Tant d'efforts devaient être récompensés. Il se présenta au baccalauréat et fut admis.

Certes, c'est peu de chose, et l'on se prend à sourire en voyant ce petit succès relaté dans l'éloge d'un académicien, et pourtant, quand je songe à tout le travail ingrat que ce pauvre diplôme a dû coûter, et cela au milieu de cette vie de paria que nous connaissons tous, pour l'avoir observée dans nos années de collége, je me figure que parmi ses titres, le parchemin de bachelier était celui que Demarquay devait regarder avec le plus d'orgueil.

On le voit; les débuts étaient rudes, mais l'avenir s'éclaircissait. Demarquay s'était fait un ami. Pendant son séjour à la pension Hénon, il s'était lié avec le fils d'Alexandre Dumas qui était élève dans la maison, et devait être un jour Alexandre Dumas fils. Cette amitié, il la conservera toute sa vie ; la gloire de son ami sera la sienne, et les dernières lignes qu'il tracera seront adressées à l'homme qui aura exercé sur lui la double influence de sa vaste intelligence et son immense talent.

Le premier pas franchi, Demarquay résolut d'aborder la carrière médicale ; mais il fallait vivre et payer ses inscriptions.

Il donna des leçons de littérature, prépara des élèves au baccalauréat et put consacrer les instants qui lui restaient aux études médicales. Cette vie en partie double nécessitait un travail énorme, et son frère utérin, M. Duroisel, qui habitait alors avec lui, me donnait tout récemment les détails qui suivent sur leur existence en commun dans cette pauvre mansarde de la rue Guénégaud, où, par une amère dérision du sort, on était réveillé par le bruit argentin des

.martinets de la monnaie. Le matin, m'écrivait-il, on se levait avant le jour et on partait le ventre vide : Demarquay courait les hôpitaux et rentrait vers midi ; on déjeûnait de pain et de fromage ; il repartait gagner sa vie ; et le soir, on allait dîner à prix fixe dans une maison où l'on mangeait juste de quoi ne pas mourir de faim.

Les leçons que donnait Demarquay l'avaient mis en relation avec une famille riche et influente qui l'avait recommandé à Blandin et à Duméril. Reçu dans ces deux maisons, il voua bientôt à Blandin une amitié et un dévouement qui ne se démentirent jamais et puisa chez Duméril le goût qu'il manifesta plus tard pour les recherches scientifiques et pour les applications de la chimie et de la physique à la thérapeutique chirurgicale.

Il venait du reste de franchir le premier obstacle, et la position d'interne qu'il venait de conquérir lui ouvrait toute grande la porte des autres concours.

Nommé successivement aide d'anatomie, puis prosecteur, il concourut pour l'agrégation et pour le Bureau central. Il échoua dans son concours à la Faculté et en conçut un chagrin profond; cet échec le poursuivit longtemps, et un de ses amis intimes me disait que le souvenir de sa défaite était une plaie mal fermée que la moindre allusion faisait saigner. Est-ce à cet insuccès qu'il faut faire remonter les inimitiés que l'on sait ; doit-on au contraire en attribuer l'origine au concours qui fit arriver Demarquay au Bureau central, et dont quelques incidents regrettables firent encore ressortir la rapidité peut-être arbitraire à laquelle il dut sa nomination d'emblée à la Maison municipale de santé, je l'ignore, et j'estime que je n'ai point qualité pour faire renaître dans un éloge des débats irritants qui eurent sur la carrière de Demarquay une influence indiscutable. Ses anciens compétiteurs n'oublièrent pas en effet qu'au moment de la lutte les armes n'avaient pas été absolument égales, et firent payer plus tard au chirurgien, par une oppositition peut-être un peu trop systématique, la faveur dont le candidat avait jadis été l'objet.

Je n'ai connu Demarquay que sur le tard, et l'impression qu'il produisit sur moi est encore très-présente à mon souvenir.

D'une taille au-dessus de la moyenne, il semblait vouloir faire oublier par la rapidité juvénile de sa démarche un léger embompoint qui, depuis plusieurs années, l'avait quelque peu épaissi : à le voir traverser la cour de l'hôpital, la tête renversée en arrière, le chapeau découvrant le front qu'il avait très-large, la poitrine en avant, on l'eût cru beaucoup plus jeune qu'il ne l'était en réalité, et si l'on se rappelle l'air quelque peu impertinent que lui donnait l'usage habituel du pince-nez, et qui le faisait regarder de haut, le sourire parfois railleur qui tempérait ce que sa figure épanouie avait de trop bienveillant, l'aisance avec laquelle il portait un costume de fantaisie, et toujours du bon faiseur, on eût certes été fort embarrassé de reconnaître en lui un médecin. Il rappelait plutôt la désinvolture d'un homme de finance.

Sa main n'était pas belle, mais puissante ; ses doigts trop gros rachetaient par leur dextérité leur peu d'élégance et l'on était quelque peu surpris de leur voir exécuter les opérations les plus délicates.

C'était un véritable tour de force que sa visite quotidienne à la Maison de santé. Il faut avoir passé, comme je l'ai fait, quelque temps dans cette maison pour se rendre compte des difficultés inhérentes à un service où les malades puisent une double exigence dans leur position intermédiaire entre la pauvreté et l'aisance et dans l'argent qu'ils ont versé. Demarquay traversait les chambres et les corridors toujours courant, ouvrait une porte, disait un mot encourageant au patient'; passait à un autre, s'en tirait avec un compliment et ne s'arrêtait que près des malades qui réclamaient des soins assidus. Il consultait les autres, les valides, dans l'escalier, dans les cours, dans la rue, un pied dans sa voiture et trouvait le moyen de contenter tout le monde. Il aimait ses élèves, et ses élèves l'aimaient. Il appartenait du reste à ce groupe si restreint aujourd'hui de chirurgiens qui font travailler autour d'eux, et qui constituent un véritable foyer intellectuel. A eux seuls appartient en réalité le titre de maîtres, puisqu'eux seuls savent former des élèves.

Demarquay faisait donc travailler ses internes, ses externes ; il travaillait avec eux et c'est de cette collaboration qu'est sortie cette masse imposante de mémoires, de notes, de communications, dont le chiffre s'élève à 137.

C'est ainsi qu'il publia : les Recherches expérimentales sur la température animale ; — les Applications de la glycérine à la chirurgie ; — le Traité des tumeurs de l'orbite : — Essai de pneumatologie médico-chirurgicale ; — de la Régénération des organes en physiologie et en chirurgie et les Recherches cliniques sur les lésions osseuses par armes de guerre.

Si l'on ajoute divers articles du Dictionnaire de médecine et de chirurgie tels que Avant-bras, Bec-de-lièvre, Chaleur animale, Côte et Exophthalmie, et parmi les nombreux mémoires cités plus haut, l'Absorption par les plaies, l'Action combinée du chloroforme dans la pratique chirurgicale, l'Enchondrome de la région parotidienne, le Galactocèle testiculaire, les Tumeurs érectiles des muscles, le Cancer primitif du larynx, etc., on aura une certaine idée de la production extraordinaire de Demarquay. Son activité était du reste extrême. Il aurait voulu communiquer à tous l'ardeur qui l'animait ; il stimulait le zèle des élèves, le trouvant généralement tiède, et ne comprenant pas qu'ils passassent devant des faits intéressants sans les noter et les étudier ; il leur proposait sans cesse des questions à élucider, leur indiquait des sujets de thèse, les engageait à faire des publications, et de toute manière les poussait au travail. Il obéissait en cela à un besoin de sa nature. « J'aurai, disait-il à son ami, le Dr Saint-Vel, qui me rapportait ses propres paroles, j'aurai agité bien des questions ; ce qui est mauvais sera rectifié ou sera non avenu ; ce qui est bon restera. »

Ennemi de la routine, il accueillait avec empressement toutes les choses nouvelles, les expérimentait volontiers dans son service, qu'elles eussent trait à la chirurgie, à la médecine ou même à la physiologie. Il avait du reste une prédilection toute particulière pour les expériences physiologiques, et il s'y livrait dans un petit laboratoire créé par lui à la Maison de santé. C'est dans ce laboratoire qu'il s'est occupé de la réparation des tendons, de diverses expériences sur le système osseux, de recherches sur la septicémie. Il lui manquait une condition indispensable à l'expérimentateur : le temps. Ces travaux ne pouvaient être que hâtifs et devaient manquer un peu de suite ; car il ne pouvait leur consacrer que le temps qui s'écoulait entre son service d'hôpital et ses occupations professionnelles.

Il mettait dans ses communications faites aux Sociétés savantes une trop grande précipitation et se hâtait trop de conclure. Cette activité fébrile, il l'apportait du reste dans son débit, et vous pouvez vous souvenir qu'on avait une certaine difficulté à le suivre. Il aurai eu en effet la parole facile s'il eût su la mieux régler ; mais à peine avait-il prononcé les premières phrases de sa communication d'une voix forte et bien timbrée qu'il oubliait de prendre un temps pour respirer, accumulait les périodes les unes sur les autres, et le souffle finissant par lui manquer, sa voix s'éteignait dans une sorte de râle sourd ; il respirait alors bruyamment et reprenait avec un éclat de voix qui ne faisait que mieux ressortir le vice de sa méthode. Ajoutons qu'à la fin de sa carrière l'emphysème dont il était atteint augmentait encore cette disposition.

Aimé des malades de la Maison de santé dont il était l'âme, Demarquay avait le même succès dans sa clientèle. S'il avait, en effet,
parfois des moments de brusquerie avec ses élèves ou même avec
les assistants, il était toujours d'une très-grande douceur avec les
malades ; les interrogeait avec bienveillance, arrivait à les distraire
en leur parlant de choses étrangères à leur affection, et leur faisait
oublier leur mal tout en arrivant à les convaincre de tout l'intérêt
qu'il leur portait. Ce don tout naturel chez lui et qui avait pour base
une bienveillance innée souvent poussée à l'extrême, séduisait au
plus haut point ; aussi ses malades devenaient-ils souvent ses
amis, et cherchaient-ils à continuer les relations si passagères le
plus souvent entre le chirurgien et l'opéré. Conscient de la sympa-
thie qu'il inspirait et qui s'exerçait plutôt sur les personnes étrangères à la médecine que sur ses confrères, Demarquay, le soir venu,
aimait à fréquenter le monde, soit qu'il voulut ainsi se reposer
d'une journée de labeurs, soit qu'il sentit péniblement l'isolement
de la solitude ; il passait quelques heures à son cercle où il dînait
le plus souvent, et de là se rendait chez quelques-uns de ses
riches clients où il était toujours reçu à bras ouverts. Il était
très-fier de cet accueil et en éprouvait un vif plaisir. Il semblait
alors mesurer la distance parcourue par lui et ressentait un
véritable orgueil à se voir choyé par les puissants de la terre, lui
naguère si humble et si délaissé. Les honneurs lui étaient aussi
très-sensibles et ses amis se rappellent encore la joie d'enfant avec
laquelle il reçut la croix d'officier de la Légion d'honneur. Malgré
cette tendance il sut résister au désir de briguer des fonctions pu-
bliques et ne se présenta qu'une fois, pour ainsi dire malgré lui, au
conseil général de son département.

Plus tard, il résista aux sollicitations de ses amis dont quelques-
uns étaient puissants et le dirigeaient vers ce but. C'est en vain
aussi qu'il fut sollicité en 1860, de se présenter à la députation. Si
plus tard il fut maire de son pays, ce fut dans le seul but d'être
utile à son village. Sans parler des dons considérables qu'il a faits à
Longueval, c'est là qu'il trouvait l'occasion d'exercer sa grande bonté.
Il partait souvent le samedi soir ou le dimanche matin, se dérobant
à ses nombreuses occupations de la ville, parcourait avant l'aube
ses plates bandes et recevait avant son déjeùner les nombreux malades qui lui étaient adressés des environs, et leur donnait des con-
sultations qui, pour être gratuites, n'en étaient pas moins faites avec
le plus grand soin. Demarquay, craignait du reste de passer

pour un homme d'argent, et je suis convaincu que le désintéresse-
ment était une de ses qualités. Plusieurs confrères de province, et
entre autres un ami commun le Dr Sergent, m'ont affirmé que
souvent Demarquay s'était déplacé à leur premier appel sans condition et s'était toujours contenté, et cela de la meilleure grâce du
monde, d'une rémunération bien légère si on la met en ligne de
compte avec le temps qu'il perdait.

Autre détail touchant : il consacrait tous les ans une somme de
1200 à 1 500 fr., à aider quelque pauvre artiste dans le besoin, lui
déguisant ainsi par l'achat d'une toile sinon sans valeur, au
moins, sans notoriété, un don que sa fierté l'eût empêché d'ac-
cepter.

On le voit : plus ou étudie l'homme, plus on constate chez lui la
qualité dominante, la bienveillance Ses rapports avec ses confrères étaient d'une très-grande aménité, et ses frottements avec le
monde lui avaient même donné la force de dissimuler ses antipathies
et de réfréner ce que son caractère avait de violence naturelle. Il
n'en avait pas toujours été ainsi.

Un soir, c'était chez un de ses amis les plus intimes, un chiroman-
cien bien connu avait déjà examiné quelques mains. Demarquay, qui
lui était absolument étranger, lui tendit la sienne. Après quelques
secondes d'examen : Vous avez dû tuer quelqu'un dans votre vie,
s'écrie l'oracle.— Je suis chirurgien, dit modestement Demarquay.—
Ce n'est pas ainsi que je l'entends, vous avez du, dans votre vie, com-
mettre un meurtre, ou, si vous ne l'avez pas fait, cela a été par une
circonstance indépendante de votre volonté. A ces mots, Demarquay
se troubla, rougit, se mit à rire avec affectation et ne tarda pas à se
retirer. On venait de lui rappeler, en effet, par le plus grand des
hasard, qu'à l'âge de 15 ans, se croyant insulté à la suite d'une vive
discussion avec un de ses parents, il s'était saisi d'une fourche et avait
vigoureusement chargé son adversaire qu'il n'avait dû son salut qu'à
une prompte fuite.

Demarquay aimait à raconter qui fit tout au monde pour sauver
un des martyrs de la Commune. Mêlé, en effet, par la nature même
de ses fonctions dans les ambulances aux conversations des fédérés,
il avait surpris un colloque dans lequel plusieurs dignitaires de la
Commune parlaient de la décision prise d'arrêter, comme otage,
l'Archevêque de Paris. Il se rendit aussitôt à l'archevêché, offrit à
Mgr Darboy un sauf-conduit qu'il s'était procuré non sans peine, et
lui proposa de quitter Paris. L'Archevêque demanda quelques mi-

nutes pour réfléchir ; puis, revenant calme et souriant : Mon bon ami, dit-il, je vous remercie de votre dévouement, Dieu m'ordonne de montrer à mon clergé, et à tous, l'exemple du courage et du sacrifice.

Une autre anecdote du même temps nous montre que Demarquay ne s'employait pas seulement à sauver les ôtages de distinction. Les prisonniers fédérés affluaient à Versailles et subissaient aussitôt un interrogatoire sommaire, suivi souvent d'une exécution rapide. Un jour, un grand gaillard portant la capote militaire, répond au commissaire instructeur : Je suis un des brancardiers de l'ambulance du Dr Demarquay. Un témoin de cette scène se prend de pitié pour cet homme, part pour Paris et fait part à notre collègue de ce qui se passe. Le lendemain, à 6 h. du matin, Demarquay était à Versailles et enlevait son brancardier.

Nous voici arrivé à la fin de la carrière de notre collègue.

Nommé commandeur de la Légion d'honneur pour les services rendus durant le siége et la Commune, Demarquay a vu s'ouvrir devant lui les portes de l'Académie de médecine. Sa notoriété est considérable.

Il est arrivé à son apogée. Exemple frappant de ce que peuvent la ténacité et le travail, servis par de puissants organes régis par une volonté de fer, Demarquay s'est frayé péniblement, comme le bœuf trace son sillon, un chemin dans la vie, sans se laisser séduire par les fleurs de la prairie ni arrêter par les ronces du chemin. Quand il a eu franchi les premiers obstacles, la fortune, jusque-là si marâtre, se prend d'amitié pour cet audacieux. Elle fait de lui son enfant gâté, et, ne lui refusant rien, lui souffle l'ambition d'arriver à tout. *Quo non ascendam* paraît être sa devise, et il veut confondre dans une même étreinte les succès dorés de la clientèle et les sévères lauriers de l'Institut. Là est sa faute, car le souffle lui manque et les déceptions arrivent. Son moral s'altère ; une sombre tristesse s'empare de lui ; il ne fréquente plus ses amis et trouve en rentrant chez lui son foyer bien seul et bien froid. Il lit alors et relit une lettre qui ne le quitte pas et que l'on trouvera sur lui après sa mort ; c'est une lettre que lui a adressée son ami le plus cher dans une circonstance où Demarquay, voulant se marier, croyait avoir trouvé une femme suivant son cœur. Cette lettre l'a dissuadé ; il le regrette peut-être.

Cependant sa santé s'altère visiblement ; depuis quelque temps déjà un sommeil de mauvais augure vient l'accabler presque constamment ; son teint jaunit ; enfin un vomissement de sang survient.

Demarquay se sent touché. Sa robuste constitution a tressailli sous le choc; il ne veut point rester à Paris. La mort a sa pudeur; il veut s'éteindre à Longueval, entouré des siens, et part en laissant brusquement sa clientèle, au milieu d'un concours d'agrégation dont il était juge en sa qualité de membre de l'Académie de médecine. Puis, qui sait? L'air natal a de mystérieuses propriétés et tout n'est peut-être pas perdu. Pourquoi ne serait-ce pas de l'anémie, comme ses amis le lui ont répété ?

Hélas! l'illusion est de courte durée. Ses forces s'épuisent, ses jambes s'infiltrent. Il provoque une consultation et démêle sans peine au milieu des consolations qu'on lui prodigue et des pieux mensonges dont on veut l'abuser, sa condamnation sans appel.

Il s'occupe alors de bien mourir, s'enferme de longues heures avec l'instituteur de Longueval et dicte ses dernières volontés; une consolation suprême lui est pourtant réservée. Un de ses élèves, un de ses amis, Cazalis fils vient s'installer près de lui. Il se fait lire par lui sa correspondance et lui dicte les réponses. Celles-ci sont toujours calculées de façon à cacher son état réel, même à ses plus intimes amis.

Le fatal dénouement est proche. Un vomissement abondant de melæna lui arrive au milieu d'une promenade en voiture ; à partir de ce moment il refuse de sortir et fait venir le curé d'un village voisin, un de ses anciens camarades d'école, et, comme me l'écrivait Cazalis, un de ces héros obscurs qui s'enferment dans un village et refusent tous les honneurs qu'on leur offre, un vieux prêtre connu de tout le département et qui, pendant deux terribles épidémies de choléra, a été le médecin, le garde-malade, le fossoyeur de son troupeau. Après une longue conférence avec lui, il reçoit les derniers sacrements avec une fermeté remarquable. Le lendemain, les douleurs redoublent, il les supporte avec un courage stoïque ; et c'est avec peine que Cazalis lui fait prendre un calmant vers le soir. A dix heures on vient réveiller celui-ci. C'en était fait. Demarquay venait d'expirer.

J'ai sous les yeux son testament. Il commence ainsi :

Je remercie Dieu de tout le bien qu'il m'a fait, et je pardonne le mal qui m'a été fait.

Il a légué dix mille francs à la Société de chirurgie.

Paris. — A. Parent, imprimeur de la Faculté, rue M.,-le-Prince, 29-31.